AF296412

TPHIS, ET IANTE,

BALLET-HÉROÏQUE,

EN UN ACTE;

Représenté devant SA MAJESTÉ, *à Fontainebleau, le 26 Octobre 1769.*

DE L'IMPRIMERIE

De PIERRE-ROBERT-CHRISTOPHE BALLARD, feul Imprimeur pour la Mufique de la Chambre & Menus-Plaifirs du Roi, & feul Imprimeur de la grande Chapelle de Sa Majefté.

M. DCC. LXIX.

Par exprès Commandement de Sa Majefté.

Le Poeme est de R o i.

La Musique est de MM. REBEL & FRANCOEUR ;
Sur-Intendants de la Musique de SA MAJESTÉ.

Les Ballèts sont de la Compôsition de M. de
LAVAL, Maître des Ballèts du R O I.

SUJET.

LA Fable D'IPHIS, qui de fille devint garçon, est l'envelope d'un stratagême d'amour. Le jeune IPHIS s'étoit travesti, pour s'introduire auprès D'ÏANTE. Il en avoit surpris l'amitié, pour couvrir son amour. Il reprend l'habit de son sexe, & le déguisement, qui cèsse aux yeux du spectateur, subsiste aux yeux D'ÏANTE, à la faveur des fêtes Hibristiques, où les femmes d'Argos s'habilloient en hommes & avoient droit d'insulter la statue de l'Himen, en mémoire du jour où elles avoient, sans leurs maris, fait lever le siége de leur Ville.

Morery. Let. F. n°. 610.

A ij

ACTEURS DES CHŒURS.

LES DEMOISELLES.

Canavas.
Dubois. C.
Bertin.
Desjardins.

D'Egremont.
Aubert.
Duchateau.
Dumas.

LES SIEURS.

Ducroc.
Joguet.
Guerin.
L'Evesque.
Bosquillon.
Abraham.
Cochois.
Roisin.
Cachelievre.
Cuvillier.

Le Begue.
Bazire. L.
Besche 3^e.
Camus. L.
Bazire. C.
Charles.
Joli.
Marcou.
Coussy.
Puceneau.

PERSONNAGES DANSANTS.

PREMIER DIVERTISSEMENT.

GUERRIÈRES ARGIENNES.

Les Dlles. HEJNEL, ASSELIN.

Les Dlles. du Perei, Audinot, d'Ervieux, le Clerc.

Les Dlles. Gaudot, Grandi, de Miré, la Fond,
Lefcot, Adeline.

SECOND DIVERTISSEMENT.

PEUPLES ARGIENS.

Le Sr. VESTRIS.

Les Srs. Leger, Rogier, Granier, des Preaux.
Les Srs. Hiacinte, le Lievre, Trupti, Lani, c.

GUERRIÈRES ARGIENNES.

Les Dlles. HEJNEL, ASSELIN.

Les Dlles. du Perei, Audinot, d'Ervieux, le Clerc.

Les Dlles. Gaudot, Grandi, de Miré, la Fond,
Lefcot, Adeline.

A iij

ACTEURS CHANTANTS.

IPHIS, *jeune Argien*,   Le Sr. le Gros.

ÏANTE, *Argienne*,   La Dlle. Arnould.

BÉROÉ, *Amie*
*d'*ÏANTE,   La Dlle. Morizet.

UNE ARGIENNE,   La Dlle. l'Arrivée.

Chœur D'ARGIENS & D'ARGIENNES.

IPHIS,
ET IANTE,
BALLET-HÉROÏQUE.

Le Théâtre repréſente une Place publique de la ville d'Argos, ornée pour les fêtes Hibriſtiques : on voit, au milieu, la ſtatue de l'Himen, & ſur les côtés, celle de la Liberté & de Teléſie, honorée ſous le nom de VÉNUS *armée.*

SCÈNE PREMIERE.

IPHIS, BÉROÉ.

IPHIS.

Tu le vois, Béroé, je quitte la parure
Qu'autrefois Achille amoureux
Prit, comme moi, pour plaire à l'objet de
   ſes feux.

A iv

6

BÉROÉ.

Pourquoi quitter si-tôt une heureuse im-
posture ?
Auprès d'Ïante elle vous donne accès:
A sa fierté l'éclat va faire injure ;
Vous allés de mes soins perdre tout le
succès.

IPHIS.

Plus déguisé que je ne fus jamais,
Je le suis, Béroé, sous ma propre figure.

BÉROÉ.

Je crains…

IPHIS.

Que de ce jour la fête te rassûre.

Nos belles, autrefois, pour délivrer Argos,
Ont emprunté l'audace & l'habit des héros :
Pour solemniser leur victoire,
Elles reprennent tous les ans
De si nobles déguisements.
Ce jour, favorable à leur gloire,
S'il blesse les époux, peut servir les amants.

Ïante verra ce fpectacle ,
Où l'allegreffe règne avec la liberté.

B É R O É.

Mais vous pouviés la voir , lui parler , fans
  obftacle.

I P H I S.

Sous un perfonnage emprunté ,
Je ne me donnois point l'effor que je defire:
Mon air étoit contraint , mon difcours
  concerté ;
Je foûpirois , mais fans être écouté ;
Ïante ne pouvoit pénétrer mon martire ;
L'amitié difoit tout , l'amour n'ôfoit rien
  dire ;
J'ai trop fouffert de ma timidité.
Sous ma forme ordinaire à préfent je refpire;
Je reprends ma vivacité.

B É R O É.

Puiffe le tendre Amour vous être favorable !
Mais fi l'on vous connoît,tout eft défefpéré :
Ïante eftime en vous une compagne aimable;
Elle fuira bientôt un amant déclaré.

SCÊNE SECONDE.

ÏANTE, IPHIS, *cru fille par* ÏANTE.

ÏANTE.

CHÈRE Iphife, eft-ce vous ? que vous êtes charmante
Dans ce nouvel ajuftement !
Vous me plaifés toûjours ; mais c'eft en ce moment
Qu'il femble que le charme augmente.

IPHIS.

Sous une forme differente
J'avois pour vous le même emprèffement.

ÏANTE.

Vous êtes de mon cœur la feule confidente.

IPHIS.

Souveraine du mien, vous êtes, belle Ïante,
La fource de tous mes plaifirs.

ÏANTE.

Que nous pâssons d'heureux loisirs,
Dans cette tendresse innocente !

IPHIS.

Ah, puisse-t-elle augmenter chaque jour !

ÏANTE.

Et, pour la conserver, renonçons à l'Amour.

L'Amour est le tiran des âmes ;
La tranquille amitié n'offre que des dou-
ceurs :
Sans les troubler, elle remplit les cœurs.
On peint l'Amour armé de fleches & de
flâmes :
La tranquille amitié n'offre que des dou-
ceurs ;
L'Amour est le tiran des âmes.

IPHIS.

Il me causeroit moins d'effroi.

ÏANTE.

Vous le justifiés, Iphise ? quel langage !

Hélas ! votre amitié s'affoiblit, je le voi.
Ce cœur, que je crois tout à moi,
Pourroit donc souffrir un partage ?

IPHIS.

Non, je jure de fuir tous les engagements
Qui pourroient traverser le nôtre.

ÏANTE.

Nos cœurs suffisent l'un à l'autre,
Et j'espere échapper aux piéges des amants.

IPHIS.

Des défauts des amants soyés juge sevère ;
Ne réservés qu'à moi vos regards précieux :
Il n'est point de mortel, empressé pour vous
plaire,
Qui peignit, comme moi, le pouvoir de
vos yeux.

Pour vous seule mon cœur soûpire ;
Vos volontés sont ma suprême loi :
Sans vous, tout l'univers est un desert pour
moi ;

C'eſt vous qui m'animés, & par vous je
    reſpire :
    Un geſte, un regard de vos yeux,
    Fait mon bonheur, ou mon martire.

Exercer ſur les cœurs un ſi puiſſant empire,
    C'eſt tenir la place des Dieux.

ÏANTE.

    Ciel ! de quel trouble ſuis-je atteinte ?
    Hélas ! quelle ſeroit ma crainte,
    Si quelque amant s'expliquoit comme
    vous?

IPHIS.

Ah ! ſi vous m'entendiés, que mon ſort ſe-
    roit doux !

ÏANTE, à part.

Quel diſcours ! . . étouffons un ſoupçon
    qui m'offenſe.

IPHIS.

Ïante, écoutés-moi . . .

ÏANTE.

    Non ; la fête commence ;
Laiſſés-moi profiter des leçons que ce jour
    Va me donner contre l'Amour.

SCÊNE TROISIEME.

IPHIS, ÏANTE, ARGIENNES,
vetues en Guerrieres.

UNE ARGIENNE, *avec le Chœur.*

TROMPETTES, éclatés ; organes de la
gloire,
Du plus beau de nos jours confacrés la
mémoire.

L'ARGIENNE.

'Argos & nos époux doivent leur sûreté
Aux efforts de notre courage ;
Ce devoit être le gage
De notre félicité :

Sous leurs loix, notre vie eft un long efcla-
vage ;
Un feul jour interromt notre captivité :
D'un jour fi beau fefons ufage ;
Retraçons-nous l'image
De notre liberté.

(On danfe.)

L'ARGIENNE, *avec le Chœur.*

O toi, qui n'ès puiſſant que par notre foi-
    bleſſe,
    Himen, qui colores ſans cèſſe
Du pompeux nom de loix tes caprices di-
    vers,
    Himen, porte à ton tour des fers !

L'ARGIENNE.

Tu nous as ravi l'eſperance ;
Notre deſtin eſt fixé, ſans retour :
On voit finir l'empire de l'Amour,
Cruël Himen ! dès que le tien commence.

(*On danſe.*)

(*Les Argiennes enchaînent la ſtatue de
l'Himen.*)

L'ARGIENNE.

Allons ſur ces remparts, ſauvés par nos
    efforts ;
Feſons tout retentir de nos bruyants tranſ-
    ports.

Chœur.

Trompettes, éclatés; organes de la gloire,
Du plus beau de nos jours consacrés la mémoire.

SCÊNE IV.

SCÊNE QUATRIEME.

IPHIS, ÏANTE.

IPHIS.

Votre âme indifferente,
Vos yeux diſtraits ſemblent blâmer ces
    jeux ?

ÏANTE.

On y brave l'himen, on inſulte à ſes nœuds ;
Je devrois m'applaudir de m'en trouver
    exemte :
Mais un trouble inconnu, malgré moi, me
    tourmente.
Dieu puiſſant, qu'en ces lieux on ſe plaît
    d'outrager,
Eſt-ce donc ſur mon cœur que tu veux te
    venger ?

IPHIS.

L'himen n'eſt point un eſclavage ;
C'eſt l'amour toûjours renaîſſant.

B

Entre deux cœurs unis, l'empire se par-
    tage ;
C'est le bonheur de l'un que l'autre aime &
    ressent.

L'himen n'est point un esclavage ;
C'est l'amour toûjours renaîssant.

ÏANTE.

Mais toutes ces beautés n'expriment que ses
    peines.

IPHIS.

L'Amour n'a pas formé leur chaînes.
Il est un tendre amant, qu'il destine pour
    vous :
Que sa félicité, que la vôtre vous touche :
Il vous suit en tous lieux, il parle par ma
    bouche,
Il meurt d'amour à vos genoux.

ÏANTE.

Que vois-je, o ciel ? quelle surprise !
C'est un amant qui me cachoit Iphise !

IPHIS.

Pardonnés ma témérité
A l'excès de ma tendresse !
Pour vous fléchir employer tant d'a-
dresse,
C'est honorer votre fierté.

ÏANTE.

Ah, perfide ! à mes yeux garde - toi de pa-
roître.

IPHIS.

Vous commencés à me haïr,
En commençant à me connoître !

ÏANTE.

A te haïr !.. j'y parviendrai, peut-être ;
Je forcerai mon cœur à m'obéir.

IPHIS.

Ne le démentés pas, s'il parle pour ma
flâme :
N'est-ce pas assés de rigueurs ?

B ij

ÏANTE.

Cruël, vous lisés dans mon âme ;
Mon funeste secret s'échappe avec mes
  pleurs.

IPHIS,

Mon bonheur vous coûte des larmes !

ÏANTE.

Amour, puissant maître des cœurs,
Je voyois tes dangers, je ne vois que tes
  charmes.

ENSEMBLE.

Règne, charmant Amour, jouïs de ta vic-
  toire !
Non, tu n'as plus besoin de nous voiler tes
  traits :
Nous étions destinés à goûter tes bienfaits ;
  Notre aveu manquoit à ta gloire.

SCÊNE CINQUIEME *& derniere.*

IPHIS, ÏANTE, ARGIENS
ET ARGIENNES.

ÏANTE.

BEautés, qui redoutiés & l'Amour &
    fes nœuds,
   Que notre exemple vous éclaire :
Amants, épris d'une flâme fincere,
Venés, imités-nous, & devenés heureux.
   Au Dieu d'Himen rendés un jufte hom-
     mage ;
   De fleurs couronnés fon image.

(On danfe.)

ÏANTE, *avec le Chœur d'Argiennes.*

   Tendre Himen, que nos vœux
De ces fers réparent l'outrage :
   Sous tes loix, des plus beaux nœuds

Le bonheur eſt le gage :
Si l'Amour fait naître nos feux,
Tu couronnes ſon ouvrage.

(Les Argiennes couronnent la ſtatue de l'Himen, après lui avoir ôté les chaînes de fer dont elles l'avoient chargée ; elles ſubſti-tuent à leur place des guirlandes de fleurs, & lui rendent de nouveaux hommages par leurs danſes.)

IPHIS, *avec le Chœur d'Argiens*

& d'Argiennes.

Règne, Himen ! Dieu charmant, trïomphe
de nos âmes.
Quand ſous tes loix l'Amour unit deux
cœurs,
Ta chaîne eſt un tiſſu de fleurs ;
Le plaiſir, à ta voix, vient couronner nos
flâmes ;

Nos moments les plus doux font dûs à tes
    faveurs.
Règne, Himen ! Dieu charmant trïomphe
    de nos âmes.

(Un Divertiſſement géneral termine l'Acte.)

F I N.